# 고요함에 머물다

조용도 시집

세종문화사

## 시인의 말

영원은 인간이 바래왔던 꿈
흘러가는 시간 따라 붙잡지 못하고
영원한 것은 지금만 있을 뿐

저녁노을 빛나는 들녘에서 시를 만나
작은 열매가 되어 내 품에 머물다
문학신문사 시 창작지원금이 용기를 주어
세상의 빛을 보게 되었습니다.

지도해 주신 교수님
격려와 응원해 주신 모든 분께
감사드립니다.

2025년 봄

차례

시인의 말 ···· 3

## 제1부 길에서 길을 묻고

길에서 길을 묻고 ···· 10
고요함에 머물다 ···· 11
마음 가운데 ···· 12
마음에 담으면 ···· 13
신호등 ···· 14
구름이 가는 곳 ···· 15
호수에 비친 달 ···· 16
낙관을 찍으며 ···· 17
아름다운 노년 ···· 18
젖은 낙엽 ···· 19
홀로 가는 길 ···· 20
인생의 향기 ···· 21
내비게이션 ···· 22
여백의 삶 ···· 23
멘토가 있는 삶 ···· 24
아름다운 사람 ···· 25
덕은 보이지 않는다 ···· 26
행복이란 ···· 27
행복은 선택 ···· 28

## 제2부 달빛에 젖어

각인 효과 ···· 30
달빛에 젖어 ···· 31
낮 전등 ···· 32
저녁노을 ···· 33
마음의 길 ···· 34
자신의 꽃 ···· 35
삶의 그릇 ···· 36
사람, 그 사람 ···· 37
지음(知音) ···· 38
어머니 백수연(白壽宴) ···· 39
빈틈 ···· 40
화안시(和顔施) ···· 41
우산 속 이야기 ···· 42
생전 처음 ···· 43
그리운 사람 ···· 44
기억을 치유하다 ···· 45
낚시의 추억 ···· 46
단오 회상 ···· 47
호수에 가득한 물 ···· 48

## 제3부 강가 음악회

강가 음악회 ···· 50
비를 불러 지우다 ···· 51
파동의 힘 ···· 52
겨울밤에 피는 꽃 ···· 53
바위 위에 선 나무 ···· 54
오고 가는 계절 ···· 55
숨어서 오는 가을 ···· 56
여운만 남기는 길 ···· 57
열아홉 번째 마디 ···· 58
갈참나무 숲길을 걷다 ···· 59
소리 없이 다가오는 봄 ···· 60
인지리의 별빛 ···· 61
내리는 장맛비를 보며 ···· 62
만남과 소통 ···· 64
열광의 야구장 ···· 65
주식시장 ···· 66

## 제4부 자작나무 숲

가을 맞으며 ···· 68
자작나무 숲 ···· 69
지질공원 ···· 70
회향(回向) ···· 72
오운정(五雲亭) ···· 73
황톳길 ···· 74
남강 솥바위 ···· 75
불꽃더위 ···· 76
숲과 사람 ···· 77
푸른 이별 ···· 78
범종의 기도 ···· 79
소쩍새농원 ···· 80
오남저수지 ···· 81
주산지 ···· 82
청계산 ···· 83
봉은사 일주문 ···· 84
상월선원 ···· 85
봉은사 명상길 ···· 86

## 제5부 목련

우수 ···· 88
풍경 소리 ···· 89
목련 ···· 90
꽃무릇 ···· 91
연꽃 ···· 92
고로쇠 ···· 93
회양목 ···· 94
인동초 ···· 95
청보리 ···· 96
겨울나무 ···· 97
대추나무 ···· 98
매미 ···· 99
까치 ···· 100
열대어 ···· 101
잠자리 ···· 102
갈대 ···· 103
벌 나비 ···· 104
징검다리 ···· 105
조약돌 ···· 106

〈해설〉
시대를 극복하고 절실한 존재 의미의
삶을 철학적인 사유로 표현하기 ···· 108

# 제1부
# 길에서 길을 묻고

## 길에서 길을 묻고

반짝이는 파도
어디쯤 꽃을 피우나
짙은 바다 향기

푸른 파도는
하얀 너울을 쓰고
뭉게구름 되어 피어오른다

고즈넉한 암자
외로워 보이는데

길에서
바다의 길 물어보며
간절한 마음 덜어 놓고 간다

## 고요함에 머물다

샘물이 솟아
유유히 흐르는 실개천 따라

대자연은
싹이 나고 꽃이 피고
열매를 맺는다

지구별에 몸을 싣고
어디론가 흘러가는 시간

계절이 무르익고
시기가 찾아오면
저절로 이루어지는 삶

행복은 마음에서 싹트고
화는 스스로가 만드는 것
만족함을 아는 것이
인생의 멋이 아닐는지

고요함에 머물며
기쁨으로 삶을 채워 본다

## 마음 가운데


좋아하지도 미워하지도 않는
중용의 평화

배부름과 고픔은
한나절 차이
삼매의 마음으로 채운다

재물 모으려고 평생 애쓰지만
결국 두고 가는 것
수행과 공덕의 자산 키우기

지위와 명예도 왔다 가는 것
모든 사람이 존중하는
겸손함이 삶의 정도

좋을 때 짓는 미소
나쁠 때 짓는 입가의 냉소
모두가 잠깐인 것을

수시로 변하는 소용돌이
산다는 것은 팽이의 심이다

## 마음에 담으면

바람도 비에 젖어
나를 흔들 때가 있고
햇살도 마음을 새까맣게
태울 때가 있다

영롱한 이슬도
하얀 눈물이 되고
눈보라도
흩날리며 상처가 되니

물결이 물결로
어둠에 빠져 숨죽이고
빗물도 가두면
부패할 때가 있다

향기로운 꽃밭도
시들면 아픔이 되니

바람에 흔들리며 피는 들꽃
혼자 웃고 있다

## 신호등

가야 할 때인가
멈춰야 할 때인가

구름 위에 걸터앉아
손짓하는 사과 향기

반짝이는 반딧불이와
함께한 서재

동틀 무렵
마음 신호등 잠시 꺼 두고

거울에 비친 그 마음
달래고 있다

## 구름이 가는 곳

바람이
오는 길

구름이
가는 곳

세월은 저만큼
꼬리를 감추며 사라져 가고

그리움도 한때
미움도 한순간

삶은 꿈꾸듯
화살에 매달려 날아간다

너와 나
화초를 가꾸듯

시간을 기르며
빛이 되는 길

## 호수에 비친 달

물결 따라 춤추는
물에 비친 달

욕심이 일어나면
사물이 생기고

화(禍)
탐욕
성냄

어리석음에서
오는 것

호수에 비친 달에
씻기는 삶

## 낙관을 찍으며


너를 위한 작품
뭉게구름 쫓다 흘려보내고
꽃구름 품는다

떠오르지 않는 영감 얻으려
백지에 세운 안테나
흘려보낸 구름이 붙든다

파동 주파수로 몸체 만들어
수리에 맞는 옷 입히고
목화토금수 액세서리 달아
새 작품 탄생시킨다

세련된 무지개 인생을 넣어
찍은 낙관에 따라 드는 구름
행운의 여정 그려진다

# 아름다운 노년

삶의 아름다움은 내면에서 나오고
원하는 만큼의 여백으로
또 다른 생각을 채운다

나이 든다는 것은
사람을 읽고
상황에 따라
세상을 이해할 수 있다는 것

사는 건 처음
늙는 것도 생소하여
시리도록 외로울 때와
아리도록 그리울 때도 있다

사랑을 베풀고 남을 배려할 때
예술의 삶이 되는 아름다운 노년

꽃보다 고운 단풍
해돋이 못지않은 저녁노을
아쉬운 발자국 뒤에 새기며
온몸으로 걸어가는 노을길

## 젖은 낙엽

할 수 있다는 꿈
빛을 향한 자신감과 용기
포기부터 하지 말라

한 번 눌려 붙으면
바닥에서 일어설 줄 모르는
젖은 낙엽을 보라

꿈까지 잃게 되면
낙엽 신세로 전락
막다른 길로 내몰린다

인생의 빛은
아침보다 황혼이 더 찬란하고
우아하게 늙는 것은 모두의 이상

푸름이 남아 있는 한
마지막은 없다
포기하지 않았다면 그게 꿈이다

## 홀로 가는 길

지구별에 몸을 싣고
끝 모를 우주
흔들리면서 간다

행성의 밝음을 잊고
블랙홀의 어둠을 향하는 걸까
먼 불빛은 희미하다

꽃 피고 비 내리다가
바람 불고 눈 내리다
원을 그리며 다시 그 자리

웃다 울다 멍때리다
당도한 산 아래서
시냇물 앞에 선 걸음

산다는 건
뒤바람에 떠밀려 홀로 가는 걸까
뒤돌아서면 바람도 돌아선다

# 인생의 향기

세상에서 가장 아름다운
발칸산맥의 장미
험악한 토질에서
짙은 향기 멀리 뿜어내어
누구나 탐내는 꽃이 되었다

인생의 향기도
극심한 고통 중에 생기는 것
절망과 고통의 밤에
삶의 의미와 무게를 지닌다

베개에 눈물을 적셔 본 사람이
별빛의 아름다움을 느끼듯
배고픔을 알아야
살아 있음의 가치를 안다

영혼의 진정한 향기는
고난의 언덕을 넘어야 발산되어
꽃보다 아름다운 삶을 이룬다

## 내비게이션

처음 가는 길
어림셈법으로 계산하다 헤매기 여러 번
누구의 손길 바라지 않았다

청소년 시절
위인전을 읽고 차오르는 가슴
터지도록 뛰던 들에서도 나의 길을 찾았다

낯선 길에서 혼자 이뤄 낸 경험과 지식
세상을 바라볼 때는
오직 내 모습만 보였다

혼자 가는 길은 없더라
나눔과 온정의 화합이더라
삶은 아무에게 배우고
그 누구도 스승이더라

산다는 건
낯선 길 찾아가는 미지의 여정
내비게이션은 지혜 속에 없고
세상의 따뜻한 손길에 있다

## 여백의 삶

태풍에 무너지지 않는
제주도 돌담
틈새로 바람은 지나가고
햇살은 스며든다

들어올 수 있는
빈자리로 들어온 그와
어우러지는 함수관계

아집의 문을 열어
빈틈 인정하고
받아들이는 여유로운 삶

어딘가 부족한 듯
따뜻함이 있는 사람
사람다운 매력으로
구름 위를 걷게 한다

## 멘토가 있는 삶

나를 나답게 만들어 주는 사람
그런 리더로 성장하는 것

지혜와 신뢰의 인생길
인도하는 멘토

어떤 고난도 희망으로 바뀌고
내비게이션 달고 가는 여정

위대한 멘토를 만나는 건
삶의 행운이다

나는 누구의 멘토로
어느 손 잡아 줄 수 있을까

성장하기 위해 내공 쌓는 아침
햇살이 밝다

## 아름다운 사람

맑고 고요한 마음을 가진
사람의 눈은 빛난다

참된 아름다움을
생각의 깊이만큼 지닌 실천력

알고자 하는 분야
정진하는 이에게는 지혜의 빛을

도움의 손 내밀면
헤아려 보살피는 따뜻한 마음을

내면을 가꾸며 사는 삶
만날수록 매력이 느껴진다

아름답다는 건
향기 품은 진실한 사랑

드러난 겉치레보다
감춰진 모양이 진실이다

## 덕은 보이지 않는다

수많은 어려움으로 얻은
수양의 덕은 보이지 않는다

빛과 향기를 드러내는 꽃
아름답게 피울 수 있도록
생명력을 불어넣는 물

낮은 곳으로 흐르며
쉬지 않고 생명을 낳고 키우는
물줄기의 덕을 봤는가

작은 선도 쌓이면 큰 덕이 되고
덕으로 쌓은 탑에는 베풂과 은혜가 있다

최고의 선은 물과 같아
흐름으로 쌓인 덕은
가장 향기로운 존재

당장 보이지 않는다고 멈추고
선을 베풀었다 하는가
덕은 보이지 않는 하늘이다

## 행복이란

가장 허무한 약속
'나중에'

무엇인가 지금 바로
실천에 옮기고

오늘을 누리지 못하면
내일의 행복은 없다

여행은 가슴 떨릴 때
다리에 힘없으면 늦다

하염없이 기다리지 말고
후회 없이 달려간다

행복은 즐거운 일 만들어
삶을 껴안고 가는 것

나중은 안개 자욱한 길
지금이 최고의 선물이다

## 행복은 선택

행복은
만드는 자의 발명품
스스로 생산하는
인생 필수품

행복한 생각 심으면
행복한 인품이 자라고

행복한 인격 가꾸면
행복한 인생 피어나는 것

작은 선택이 모여
큰 뜻을 이루고
멋진 선택으로 얻는 미소

느낄 수 있다면
언제나 곁에 있는 너

최선을 다할 때
그림자로 따라오는
행복 가득한 인생

# 제2부
# 달빛에 젖어

## 각인 효과

철새는 번식지와 월동지를 찾아
계절마다 이동하고
말은 태어난 곳으로
반드시 돌아간다

같은 말 반복하면
뜻한 대로 이루어지는 기도

밝은 음색 만들어
소리 색깔 변하면 바뀌는 운세

미소 지으며 밝은 표정으로
정성을 다해 말하면
소원 성취 밑바탕이 되어
높은 탑 쌓는다

상대의 말 경청하면
읽히는 마음의 소리

말한 대로 이루어지는 각인 효과
좋은 일만 가득하길 기도한다

## 달빛에 젖어

은은함과 부드러움
빛살로 어울려 녹아들게 하는 달빛
어둠 한가운데서 아늑하게 포용하고 감싼다

초승달 반달 보름달
보름달에서 다시 반달 그믐달로
삶과 죽음 영속의 달

밀물과 썰물의 길 만들어
음양을 조정하는 신비의 힘
삼위일체 생명력의 상징

어슴푸레한 달빛과 물그림자에
산그림자 늘어져 물빛에 젖고
소쩍새 사연의 슬픈 메아리
자욱한 빛으로 감싸는 밤

어느 곳을 바라봐도 떠오르는 그리움
한 겹 한 겹 벗겨 내도
새벽이슬 내릴 때까지 빛나는 보름달
창가에 기나긴 사연 새긴다

## 낮 전등


낮 달빛 밟으며
햇살 등진 나그네

지팡이 든 손에
바람 들썩거리고

어깨 덮은 삿갓에
구름 얹혔다

저물어 가는 황톳길에
펼친 사연

외로운 그림자에
근심으로 피는가

먼 등불이
걸음 재촉한다

## 저녁노을

슬픔은 간절함으로
산다는 의미를 깨운다

즐거움은 한순간, 슬픔은
성숙한 감정을 키우는 것

울적함을 이겨 낸 힘이
삶의 방향을 인도한다

슬픔에 낙담하지 말라
살아 있다는 증명이다

생에 가장 훌륭한 스승은
온몸으로 우는 울음

즐겁기만 한 삶은
저녁노을에도 앉지 못한다

## 마음의 길

스쳐 가는 것이 바람뿐이랴
그리움 사랑 슬픔의 여울도
숨길 따라가는데

낙엽 진 숲길 걷다 보면
꽃길만이 아니었고
산 들 강 거쳐서 왔음을

빗길 눈길
오르막 내리막길 지나
마음의 길 걸어가고 있는 지금

밖으로 바라보던 눈, 안으로 돌려
수양의 그릇을 닦는 아침
깊이 닦아도 빛을 내지 못한다

## 자신의 꽃

풀과 나무는
저마다 자신의 꽃을 피운다

흉내 낼 수 없는 특성으로
자연과 조화를 이루고

누구도 닮으려 하지 않고
생명의 신비를 이어 간다

생각과 감정을
분수에 맞게 열어 보이고

서 있는 자리마다
향기로운 꽃을 피워 낸다

본래 모습 그대로가
진실의 아름다움

거울에 보이는 내가 진정한 나
무슨 가면이 필요할까

## 삶의 그릇

인생은
채우고 비우는 과정의 연속

채워야 할 때
비워야 할 때
마음을 가만히 들여다보아야
삶의 그릇이 오롯이 보인다

무엇을 쌓고
무엇을 비울까
반듯하게 놓인 그릇인지
넓게 담을 수 있는 그릇인지

머리에 손 얹고
마음의 저울 앞에 서성인다

## 사람, 그 사람

나누지 않고 그저 바라만 보아도
편안해지는 사람

함께한 시간이 길지 않아도
생각만으로 따뜻해지고
만나고 싶은 사람

아무런 말 없이
눈빛만으로 알아듣는
부담 없는 사람

행동과 모습 꾸미지 않고
있는 그대로
만날 수 있는 사람

멀리 있어도 가까이 있는 듯 느껴지고
정겨움 흐르게 하는 사람

국화 향기 가득한 아침
지나간 시간 더듬어
그려 본다, 그 사람

## 지음(知音)

눈빛만 봐도
심장 뛰는 소리 들리고

함께 있으면
피부까지 편해지는 친구

존중과 관심에 들리는 선율
웃음으로 주고받는 경지

말하지 않아도
음률을 읊어 주는 친구

자미원(紫微垣)에 살까
계수나무 밑에 있을까

## 어머니 백수연(白壽宴)

마을 열린 지 600년
처음 있는 백수 잔치
까치도 긴 꼬리 치켜들고
날갯짓한다

인삼 가겟집 막내딸로 태어나
남 먼저 건강에 눈뜨시고

반딧불이와 함께한 세월
3대 독자 집안
일으켜 세우시며

자식들 키워 낸 힘으로
세상을 떠받치고도
늘 미소 짓는 모습
인정 많은 동네 할매

30여 명의 자식 손주들
만수무강 빌고 빌며
감사의 절 올릴 때
하늘도 기뻐서 안겨든다

## 빈틈

바람은 돌담 틈새에서
숨바꼭질하고

호수의 마음에도
자리를 편다

틈은 허점이 아니라
소통 창구

빈틈으로 찾아오는 인연
밝은 기운 물고 오는 제비

향기 나는 사람과
무지개 타고 가는 여유

## 화안시(和顔施)

따뜻하고 친근히
평화로운 얼굴로 베푸는 미소

풍족하게 받아 품고
주는 마음이 부자

행복을 꽃피우고
호의를 베푸는 우정의 징표

짧은 순간에 일어나
오랫동안 이어지고

지친 사람에게 안식
낙담한 사람에게 희망의 빛

세상의 어려움을 풀어 주는
자연의 묘약

언제나 웃음이 가득하고
편안함을 주는 기분 좋은 하루

## 우산 속 이야기


갑자기 몰려온 거먹구름
바람비 피하며
함께 걷는 우산 속

빗소리에 얹어 던진 농담
- 팔짱 끼고 가면 비 적게 맞는데 -

더 세게 돌아온 메아리
- 안고 가면 비 안 맞는데 -

얼얼한 뒤통수 만지며
무심했던 일기예보 다시 본다

## 생전 처음

79억 생명을 싣고
우주공간을 비행하는 행성

빙하는 봄눈 녹듯 흘러내리고
뜨거워진 저 별은
언제 사라질지

태풍 홍수 모래벌판
지구별이 머리띠 두르고
시름하고 있다

몸부림에 아우성
생전 처음 겪는 이변

잠시 머물다 갈 이곳에
사과나무 한 그루 심고 있다

# 그리운 사람

우연한 만남은 없는가 보다
스치듯 맺은 인연인데
삶에 연관된 정성이 쌓이고

관련된 일에 얼굴이 먼저 떠올라
보고 싶어지는 사람

이름이 먼저 외워지고
눈 감으면 생각이 나서
차 한 잔이라도 나누고 싶어진다

억지로 사는 삶은 없고
맺어진 인연은 풀어지지 않아
동행하는 길이 편해지는 친구

전화 한 통화로 난초 향을 맡는
그런 맺음이 없었다면 삶이 얼마나 힘들까

산다는 건
맺어진 인연으로 동행하는 것
내 삶은 성공이다

## 기억을 치유하다


지나간 일들이
기억의 숨결을 연다

뭉게구름 그리며
미소로 다가오는 발자취

언제든 다시 살아나
바닥부터 흔들어 놓는 추억

부정적인 믿음의 좌절감
파괴적인 감정을 느끼지 않는

상처 난 기억을 지우고
긍정의 뜻을 찾아

명상과 힐링
좋은 기억으로 치유하는 아침

떠오른 햇살이 정수리에 내려
앞이 환하게 보인다

## 낚시의 추억

입질 자리 먼저 찾고
짜릿한 손맛 쫓아
정 나누던 동호회
저수지 물결도 한가로이 일렁인다

미끼 따 먹고 사라지는
피라미가 얄미웠던 유년 시절
개울가 추억은 돌아오지 않는
가슴 저린 회상으로 쌓여 있다

물고기에게 속임수 쓴다는
쑥스러운 마음에
낚싯대 접고
명상에 들었지

노을 지는 언덕에서
강물 따라 흐르는
세월 품어 본다

# 단오 회상

모래판이 아니야
억센 사나이들의
힘겨루기로 후끈한
여기는 거친 황야

황소 한 마리
먼 산 바라보며
구름 한 장 씹고 있다

담벼락 뒤에 몸 숨기던
창포 머리 소녀들은
숲속 호수 거니는
은발의 천사

구름에 그네 매고
노을빛 하늘 날아 본다

## 호수에 가득한 물

대나무 그림자 뜰을 쓸어도
고요만이 흐르고

달빛이 강물 뚫어도
아픈 상처 없다

내 가방 속에
미움을 두지 말자

크게 넓게
너그럽게

마음 달래 주는
호수에 가득한 물

# 제3부
# 강가 음악회

# 강가 음악회

시냇물 잠시 숨었다
잠꼬대하며
강 품에 안기는
모래톱 삼각주

가파른 언덕배기 물결은
허공을 나르고
강바람이 내지르는 환호성
지나가는 구름도
눈짓하며 손뼉 친다

낯익은 노랫가락
동그랗게 눈뜬 잉어

더위에 지친 마음
땡볕에서 달래고 있다

## 비를 불러 지우다

비어 가는 가지의 고요 속에
후박나무잎 떨어지는 소리

처마 밑에 사르락 사르락
계절의 옷 벗는 소리

동틀 무렵 부는 바람이
비를 불러 지운다

수북이 쌓이는 낙엽 위로
젖은 가을이 스쳐 가고

떨어지는 나뭇잎과
봄을 기약하는 자연의 질서

여명에서 노을로
어둠에서 광명으로

젖었다가 바스락거리고
빗속에 든 햇살은 멈추지 않는다

## 파동의 힘

순간순간 펼치는
말 한마디
생각 한 줌 행동 하나

비장(秘藏)의 정보 담은 파장으로
세상을 향해 날아간다

허공 가로지른
주파수의 광자(光子)
끼리끼리 모이고 모여
에너지로 작용하는 빛의 입자

자신의 길을 열어 가며
허공 가운데 제 길 만드는
파동의 힘

간절한 기도로 쌓인
우주의 별자리

## 겨울밤에 피는 꽃

서릿발 돋아 어둠 깔리면
겨울 가지 끝에 맺히는 꽃

빨강 초록 보랏빛 지우는
서슬 퍼런 서리꽃

처진 어깨 감싸 주며
용기를 심어 준다

고요하게 눈 내리는 밤
세밑을 빛내는 꽃

봄꽃의 그림자 지워도
겨울밤을 밝히는 날카로운 꽃

## 바위 위에 선 나무

바위틈에 자리 잡고
안식을 찾는 갈색 뿌리

팔방으로 헤매는
뿌리는 고단하다

눈비 바람에 시달리면서
꽃 피우던 나무

태풍 장대비에
몸통이 부러져 나갔어도

하늘 쳐다보며
알몸으로 시위한다

벼랑 끝에
흔들리며 간신히 서 있다

## 오고 가는 계절

창밖엔
어젯밤 긴 나무 그림자 누워 있고

창 안으로는
아침햇살 따듯하게 들어오네

새순 자라는 숨소리에
귀가 향기롭고

누리에 퍼지는 꽃향기에
후각이 살아나네

봄비 타고 오가는 꽃잎
계절은 이렇게 오고

세상은 또한
새롭게 열려 달려오고 있네

## 숨어서 오는 가을


소나기 기다리며
날개 늘어뜨린 들꽃

제 풀 열기에
느티나무 아래 졸고 있는 늦더위

잠자리 날개 타고 오다
갈대숲에 숨는 가을

새벽 이슬방울
밤새 만들고

막새바람과 함께
들녘을 황금빛으로 물들인다

# 여운만 남기는 길

이른 아침 까치 소리 들리더니
햇살 따라 멀어져 가고
얼핏 떠오른 생각도 사라진다

재물 권력 명예 무엇 하나 얻지 못하고
제자리에 머물다 가는 것인가
얻지 않았어도 쌓인 삶인데
행복의 즐거움 슬픔의 아픔도
때 지나 저절로 사라진다

성공 실패 괴로움 외로움
삶의 부분으로 왔다가
자취 없이 떠나는 것인가

꽃은 향기로 씨앗을 남기고
사람은 이름으로 탑을 쌓아
길이길이 자국을 남긴다는데

사랑의 여운만 남기고
아무도 모른 곳을 향해 선 걸음
한 발 내밀면 거기가 끝일까

## 열아홉 번째 마디


흔들리며 고뇌하는 가을
이별 무대의 뒤안길

움츠러든 어깨에 쌓이는 한기가
계절의 경계선을 긋고 있다

짊어진 무거운 짐
한 잎 두 잎 손을 놓고
미련 없이 떠나보내는 계절에
꿈을 안고 기다리는 당당한 나무

겨울 긴 강을 건너 새봄이 찾아오면
어김없이 볼 수 있는 나뭇잎의 부활
인간도 함께 사계를 연다

거실 깊이 들어온 햇살
추운 마음 보듬어
차가운 겨울을 여유 있게 감싼다

계절의 19번째 마디, 입동
겨울의 첫걸음

## 갈참나무 숲길을 걷다

빌딩 숲 한복판
숨겨진 힐링 길을 걷는다
갈참나무 숲은
홀로 명상하기 좋은 곳

초여름부터
이파리를 돌돌 말아
거위벌레 새끼 치고

매미 소리 사라진 숲
울창하던 잎사귀 바닥에 뒹굴고
스쳐 가는 바람결
앙상한 몸뚱이를 어루만진다

한 발씩 내딛는 명상의 걸음
나는 이곳에서 헝클어진 생각을
가다듬는다

수십 년 제자리 지키는 갈참나무
숲의 향기에 취해
긴 호흡을 들이마신다

## 소리 없이 다가오는 봄

얼음장 속에서도
맑은 물은 쉬지 않고 흘러
버들치 돌 틈에서 일어나는 아침

씨앗은 땅속에서
겨울잠 깬 숨소리로
봄 문 열리기를 기다린다

햇살 내려앉은 겨울나무
마른 가지마다 톡톡
파릇한 봄빛 기지개 켜는 소리

산과 들은 계절을 열어
꽃 피울 준비로 단꿈에 젖고
동장군 품에서
저만치 다가온 봄을 맞는다

밝은 햇살 가득 드리운 따뜻함으로
가슴에 흐르는 시냇물 소리
희망의 나래 펴면서 일어서는 기운
온 누리에 봄이 왔다

## 인지리의 별빛


그 별빛 속에는
아직도 솔바람 불고 있네

수천억 광년을 달려와
내쉬는 가쁜 숨결
별빛 속에
그리움이 뛰고 있네

새로 태어난
피라미 버들치 헤엄치고

아직도 울고 있는 소쩍새
나를 불러대는데

별빛 속 그윽한 여울에서
내 유년의 얼굴 만나고 있네

## 내리는 장맛비를 보며

밤새 창문에 몰아치던 빗줄기
계곡은 폭포수로 변하고
둑을 집어삼킬 듯 넘실거린다

힘없이 넘어진 가로수 피하여
흔들리는 우산 들고
종종걸음 치는 거리 풍경

빗물에 불어난 개울에서
발버둥 치던 개구리 한 마리
불어온 강바람에 드리워진
버드나무 가지 잡고 기어오른다

위기에도 기회는 있으며
행복은 마음에 자리 잡고
아주 작은 것에 스미어 있는 것

무지개 뜨는 들녘은 머지않아
햇살 등에 업고 달려오고
풍요의 계절은 어김없이 온다

빗길 걷기 어려워 주저앉고
계곡물 넘친다고 못 건널까
개구리의 생존법에서 삶을 배운다

## 만남과 소통

만남과 소통으로 이루어져
둘의 조화에 의해
발전하고 쇠퇴하는 세상사

만남은 하늘에 속하여
관계는 의지에 달려 있고
책임은 자신에게 있다

소중한 인연은
알찬 열매를 맺고
인품은 향기 나는 사람과
어울림에서 이루어지는 것

귀한 만남
따뜻한 관계 유지로
향기롭게 걷는 아침
전화에서 들리는 목소리가
가까이 있는 듯 정겹다

## 열광의 야구장

백구에 시선이 꽂힌 관중
던지고 치고 달리고
바람의 승부에 발산된 열기

하늘 높이 오르는 함성
태양도 슬그머니 구름 뒤에 숨는다

예측 없는 승부
운동장이 바뀔 때마다
높낮이 달라지는 순위표

10대의 호기심
열광하는 20대
추억으로 솟구치는 장년들

흥행의 열기는 뜨거워지고
꿈의 숫자 1,000만 관중
가을 야구로 치달리는 백구의 향연

짜릿한 승부 만끽하며
처진 가슴 활짝 펴고 원형 구장을 나선다

## 주식시장


빨강 선과
파랑 선이 상모를 돌린다

환호하는 손짓
구름 위로 오르고
한숨 소리 낙엽 되어 쌓인다

세상엔
공짜도
비밀도
정답도 없는 것

과욕은
부서지며 피어오르는 물안개

바닷물이 출렁일 때
밀물인지
썰물인지

나무도 보고
숲도 보고 가는 길

# 제4부
## 자작나무 숲

## 가을 맞으며

뙤약볕 아래
소나기 기다리는 간절함

빗줄기가 감나무 위로 후드득
소리 내어 떨어진다

빗방울 사이로 풀벌레 노래 따라
여름의 긴 터널을 지나며

어린 시절 추억을 찾아간 고향
시냇물에 멱 감던 모습 아른거리고

밤하늘엔 영롱한 별빛이
감나무에 기대어 춤을 춘다

한줄기 맑은 바람 스치고 지나가면
가을 향기 더 진해질까

삶의 여정은
계절의 순환을 따라간다

# 자작나무 숲

고적한 숲
가도 가도 끝이 없는 길

찬 서리 품에 안고
하염없이 하늘만 바라본다

자작자작 노을에 타들어 가는
아련한 하늘

어디선가 날아든 까치의 울음이
높은 우듬지를 적신다

가지마다 내걸린 저녁 풍경
서릿바람에 흔들리고

적막하던 숲에 금이 간다

## 지질공원

자연의 역사는 거짓이 없다

태풍 매미의 산사태로
모습 드러낸
공룡 발자국 화석 산지
청송 유네스코 세계지질공원

쥐라기 중생대 백악기
공룡이 뛰며 놀던 숲
내가 만나지 못한 그 시대의 흔적들

억년의 세월 동안
비탈진 바위에 새긴 발자국
흙으로 덮어 숨기고
이제야 모습 드러내었다

공룡이 물 마시고 놀았던
하얀 돌이 반짝이는
백석탄 개울에서
피라미 다슬기와 놀던 나의 유년 시절

밤하늘 별빛 쳐다보며
눈망울 초롱초롱하던 친구들
공룡의 숨결로 되살아난다

지금은 하늘 아래 흩어진 이름들
하나하나 불러 본다

## 회향(回向)

아침 햇살 한 줌 안고
걸어가는 길

지난밤
흐르던 달빛
꿈꾼 별빛도 함께한 벗

들춰진 아침노을에
실바람 타는 회향
좁혀진 길에 넓게 깔리고

걸음 멈춰 뒤돌아보면
알찬 열매 쭉정이 열매
깍지에 든 기억

돌아보는 손짓 바라보며
혼자 웃는다

## 오운정(五雲亭)

신선이 내려왔던
후원의 뜰

500년 영화는
바람에 업혀 흘러가고

대문 연 푸른 집에
숨어 버린 신비

난간 그네는 노을 안고
하늘을 난다

## 황톳길

추억에 잠기는 산책로 맨발로 걷는다
강가 황톳길 따라 펼쳐지는 시간 여행

송사리 잡으며 멱 감던 시냇가
천진난만 그 시절 회상하며
수채화를 그린다

부드럽고 촉촉한 진흙의 촉감
발자국 남기며 균형감각 키우고
모세혈관 자극하여 혈액순환 개선
자연에서 느끼는 정신적인 휴식

지구의 용틀임이 솟아올라
전신 근육을 건드리고
뼈마디에 담기는 힘

모든 아픔 치료한 듯
미소 지으며 걷는 흙탕길
노을빛이 종아리에 감겨 춤춘다

## 남강 솥바위

반경 이십 리 이내
부자가 끊이지 않는다는
오랜 전설 안고
물안개 보듬고 우뚝 솟은
의령 남강 바위섬

의령 진주 함안에서
삼성 LG 효성
재계의 큰 별 탄생해
전설이 현실이 된 솥바위

얼마나 많은 밥을 짓고
얼마큼의 굶주림이
강변에서 노래 불렀을까

대한민국 부의 원천
사료적 가치 드높은 신명의 대상
솥을 닮은 부자바위 가슴에 품고
희망과 용기 북돋우는 사람들

새벽안개 두 손으로 걷어 내고 있다

## 불꽃더위

스스로 불꽃 일으켜
달구는 지구의 열기에
사과잎은 시들어 가고
폭염은 발치에 불을 붙인다

잠 못 이루는 열대야에
변압기마저 기어이
가쁜 숨을 내려놓는다

암흑으로 변한 밤은
옛 추억을 불러오고
선풍기로 더위 씻으며
앞만 보고 걷던 지난날
젊음은 두려움 없이 불탔지

계절의 순환은 어느새
벼 이삭을 피어나게 하고
자연의 섭리대로 살라 해도

찜통 속 숨쉬기에 열기 더욱 치솟고
거리는 걸음 옮기기가 무섭다

## 숲과 사람

숲의 생명은
사람이 손을 떼면 왕성해진다
휴식년제
원숙한 자연 모습으로 돌아온
국립수목원 전나무 숲길
월정사 전나무 씨앗 싹 틔워
어느덧 100년의 세월
오대산 숲 부안 내소사 숲과 함께
3대 전나무숲길 이루었다

하늘 찌르는 숲에서 뿜어내는
피톤치드 마시며 걷는 산림욕
날개 펼쳐 날아가는 듯
심신이 안정되는 숲의 선물
피로 잊고 맑아지는 눈
솜사탕 위를 걷는 발걸음
신선한 숲의 향기
생명이 숨 쉬는 삶의 터전
고즈넉한 수목원의 자태에 빠져
사람과 숲의 숨결은 하나다

# 푸른 이별

12월 태양 아래
더위 먹은 단풍나무
겨울 온 줄 모른 체
푸른 잎사귀 움켜쥐고 있다

폭주하는 날씨
더위에 혼절했다 깨어 보니
가을은 어디로 사라지고
푸른 잎은 솜이불 덮고 있다

한 치 앞 못 보는 무지에
애꿎은 하늘 쳐다보며
우듬지에 걸린 잠을 깨운다

붉은 옷 입지도 못한 채
손 놓아야 하는 푸른 이별
나무의 모정이 애처롭다

다시 서릿바람 맞으며
제비 돌아올 날 기다리는 단풍나무
바라보는 눈길이 멈춘다

## 범종의 기도

찬 서리 설풍에
소나무와 잣나무의
푸른 기상을 알게 되고

세상 아우르는 은은한 소리
더 멀리 퍼뜨린 만큼
아파야 하는 쇠북

지금 아픈 것은
아름다워지기 위함이며
떨림의 헌신이다

영혼의 부자
사랑으로 다져진
참사랑으로 살게 하고

머리로 생각하며
의지로 일으키는 사랑
꽃피우게 하소서

## 소쩍새농원

새벽이 찾아온 소쩍새농원
삶의 갈림길이 겹으로 눕는다

햇볕 반기다 탈진한 여름
매미 소리에 지친 몸
뜬눈으로 일으킨 하루

별빛 차가워 움츠리는 가을을 맞아
밤새운 소쩍새는
민며느리를 깨웠지
소쩍새 울음이 사과를 키우고

사각사각 눈 내리는 계절
사람의 향기로
과수원의 아침은 시작되었지

골짝을 덮어 오는 안개 속에
펼쳐지는 아련한 추억
과수원 오솔길에 가득 차오른다

## 오남저수지

가오리 닮은 저수지
하늘 품고 산그림자 드리운 풍경
잔물결에 일렁인다

오남 들녘 품었던
지난날의 그림
참새들과 노닐던 때는 흘러가고

시절 인연 따라 모여든 문우들
둘레길 따라 바람결에
시상을 나눈다

카페 창가에 앉아 물멍 때리다
호수 건너 여울진 산자락
구름 사이로 꽂히는 햇살

산 너머에 펼친 명당
누가 있어 품고 선점했을까
떠오른 그림만으로 평화롭다

# 주산지

기암절벽 주왕산 자락
왕버들 품은 절경의 저수지

고목에 핀 연둣빛 버들잎
고요한 반영

짙은 숲 맑은 물
선학이 머물다 간 곳

물안개 어우러진 새벽
신비롭고 몽환적인 세계

"봄 여름 가을 겨울 그리고 봄"
명작 탄생시킨 아름다운 촬영지

사계절 다른 모습
전설의 주산지
주왕의 그림자가
울긋불긋 영화의 선경이다

# 청계산

굽이굽이 안개 자욱한 청계산
풀 향기 가득한 숲
매미 소리 청량하다

백호 관악산
청룡 청계산
예쁜 여인 닮은 옥녀봉

쉼터 팔각정에 모여든 사람들
음악에 맞춰 손뼉 치는 소리
잔잔한 메아리 골짝을 메운다

진달래 능선에
진달래꽃 너울지면
다시 찾아와 함께 노래하리라

## 봉은사 일주문

양재천과 탄천이 만나는 학여울
속세와 출세간의 지표인
일주문이 우뚝한 도시의 기슭

용문산 사나사
오봉산 석굴암
옮겨 다니며 보낸
곡절 많은 세월

반세기 유랑 마치고
이제야 돌아와 제자리 찾은
큰 도량 봉은사 일주문

버선발로 맞이하는
도시공원 안식처
번뇌 감싸안는 부처의 가슴
어머니 품이 아늑하다

# 상월선원

남한산성 주산에서
남서쪽으로 힘차게 내려와
상월선원에서 머무는 용

좌청룡 우백호 갖추고
혈 자리 맺으며
전순에 알 바위 품었네

108만 평 공수 훈련하던
이 터에
국가의 안위와
부처님의 마음 한곳에 모였으니

사람들 품어 줄
금계포란형 명당
심신 수양의 혈맥이 힘차다

## 봉은사 명상길

천년 숨을 쉬며
명상에 든다

살며시 걷는 소리
눈 비비며 손짓하는
졸고 있던 굴참나무

신발 위에 얹혀 따라오다
'아차' 하며
제자리로 돌아서는
금싸라기 모래흙

대웅전 처마 끝
바람 타고 날아오는
잔잔한 풍경 소리
출세간*이 여기인가


*출세간: 속세의 생사 번뇌에서 해탈하여 깨달음의 세계에 듦.

# 제5부
# 목련

# 우수

눈구름은 비를 내리고
얼음 녹아 강물로 흘러 흘러
잠자는 대지 깨운다

겨우내 움츠리고 있던
홍매화 꽃망울
진한 향기 내뿜어 설레는 봄

꽃향기 싣고 올 제비 소식에
날개 가다듬는 기러기
서릿발에 얽힌 깃털 고른다

철 따라 옮긴 삶의 어려움
눈 녹듯 사라지고
술술 풀어 가는 봄날

긍정의 씨앗에 물로 쓴
희망의 아침 편지
밀려가는 겨울바람에 싣는다

# 풍경 소리

홍매화 꽃망울 부풀어 올라
찬 바람에 묻어나는 향기
가지 끝자락에 새 움이 돋는다

꽃샘추위 밀어내며
남촌에서 불어오는 바람에
바빠지는 풍경

시간 너머로 달려오는 계절에
가슴에서 피어오른 그리움 담아
멀리 퍼뜨린다

화려한 홍매화에
머뭇거리는 춘심
옛 도반을 그리워하며
법향에 젖은 명상길 걷는다

## 목련

꽃샘추위 이겨 내고
푸른 하늘과 연분 났다
훈훈한 포옹이
가지마다 사랑 눈 밝힌다

자주 봉오리 터트린 목련
수줍은 몸짓
보랏빛 바람에 나부낀다

대문 옆에 뿌리내린 20여 년
지킨 세월은 흘러가고
은은한 향기 뿜으며
'자목련 집' 문패 걸렸다

어머니 닮아 목이 긴 목련
고개 넘어오는 아들 모습에
둥실 떠올라 달려 나온다

## 꽃무릇

선홍빛 살랑이며
애처로운 눈빛 보낸다

임은 날 기다리다 가고
나는 임 그리워하는

이룰 수 없는 사랑
꽃이 되었다

뒤늦은 발걸음
붉은 정열의 불 밝혀

꿈꾸는 달빛 아래
견우직녀 바라본다

## 연꽃

어둠을 향기로 깨우며
새벽이슬 머금고 피어나는 꽃

비바람에 꺾이지 않는
유연한 줄기

빗방울에 스스로 낮춰
흔적 남기지 않는 잎사귀

진흙에서 자라
더러움에 물들지 않는 청정함
진흙의 연못 향기로 채운다

연꽃 미소에 취해
진리의 세계로 날아간다

## 고로쇠

골수를 이롭게 하고
혈압을 낮춰 준다는
숲의 귀족 나무

단풍나무 닮은 잎 피워
연황록색 꽃 피우기 위해
뿌리부터 물 끌어올리는데

허리에 빨대 꽂고
흡혈귀 닮아 가는 인간의 욕심
한 모금도 아닌
말통 들고 달려든다

놀놀한 잎사귀 몇 잎 피우다가
놀라 움츠러드는 고로쇠
피 빨리는 생명의 아픔을 모를까

거머리 주둥이에 찔린 고로쇠는
고달프기 짝이 없다

## 회양목

두껍고 반질거리는 잎사귀
매서운 눈보라 견디며
사시사철 푸른 나무

돌 틈에 내린 뿌리
햇볕 잠시 쉬어 가는 비탈
타고난 생명력으로
나무를 가르치는 나무

군자의 걸음으로 자라
꿋꿋한 나뭇결 만들어
경전 목판 도장 나무로 이름 날렸지

전정의 아픔 참아 내며 틔워 낸 가지
깍두기 울타리로 지켜 섰어도
으뜸 향기로 정원을 빛내
벌 나비 불러 모으는 선비 나무

# 인동초

겨울고개를 살아서 넘어가는 덩굴
시련의 환경에서도
버텨 내는 강인한 생명력

그윽한 향기 뿜어내며
야행성 나방 불러
밤에도 꽃 피우는 비결

순수의 하얀빛으로 피어나
인고의 결실 찾은
흰 꽃 노란 꽃의 금은화
꿀이 많아 허니서클(Honey-suckle)

잎 말려 차로 벗을 삼고
꽃으로 약술 담아 아픈 관절 풀어 주는
인동의 덩굴

사랑의 인연 엮어
헌신적 사랑의 꽃말로
서릿바람 함께하는 민족의 꽃

# 청보리

나뭇잎 떨어지는 늦가을
파종을 하면
땅을 파고드는 씨앗
거친 흙에 몸을 섞는다

매서운 눈바람에
시린 발 묻고 자라는 청보리

봄바람에 키를 맞추고
파도처럼 물결친다

종달새 알을 품은 보리밭
푸른 봄의 노래
하늘 높이 띄운다

봄은 청보리밭에서 시작된다

# 겨울나무

햇살 당겨
붉은 꽃잎 피우고

땅속 물을 끌어올려
무성하게 키운 이파리로

꽃 진 자리마다 맺힌 열매
온 누리에 심어 두고

서릿바람에 단풍 들어
흙으로 보낸 겨울나무

걸어온 꿈자리 품고
별빛 아래 키운 꽃망울

다시 피울 꽃샘바람
봄볕에 기대어 기다린다

# 대추나무

애들아 봄이 왔다
봄빛이 왔다
잠자는 나무 깨우고 다니는
봄의 전령

사방팔방 뛰어다니느라
늦게 핀 초록 잎이 안쓰럽다

태양 작열하는 여름
왕대추 주렁주렁 매달고
단단한 나뭇결 뽐내는
가상(嘉尙)한 대추나무

너는 단단한 기둥
너의 삶을 닮고 싶다

# 매미

고층아파트 창문틀
맴- 맴- 매-앰
새벽잠 깨우는 매미

7여 년 땅속에서 살아온
인고의 세월 뒤로하고
인연 따라 찾아온 곳

주어진 일주일의 삶
지나가는 시간이 아쉬워
소리 높여 울며 부른다

자연의 섭리
먼 훗날 너의 분신과
오늘의 햇빛 다시 그리며
때를 찾는 울음 가져올까

매미, 여름의 가객
다시 만나기를 기대해 본다

## 까치

까치가 울면
반가운 손님 온다고 했지

고향집 앞마당
감나무 꼭대기에 살던 이웃 친구

어머니 쫓아
800리 길 멀다 않고 찾아왔나

너는 언제나
기쁜 소식 알려 줬지

기다리던 소식 전하려고
아침부터 저렇게 노래할까

# 열대어

강산이 변하는 동안
인기척 알아채고
쪼르르 달려 나와 눈 맞춘다

이끼 먹으며 청소하고
어항 크기에 맞춰
몸 크기 조절하는 열대어

뒤뚱거리며 눈치 보던 어미
새끼 낳고 뒤돌아보며
하늘나라로 떠났다

냉장고에 얼음 쌓일수록
빙하는 녹아내리고
스스로 맞추면서 살아가야 하는
자연의 섭리

두 발로 걷는 사람만이
자연을 잊고 살아간다

# 잠자리

구애의 몸부림에 지친 매미
짝 찾고 떠난 9월
허공 날아오른 잠자리
드넓은 들판에서 화려한 춤을 춘다

네 날개 따로 움직여
솔개연 되었다가
뒷걸음으로 날기도 하며
수많은 겹눈으로 세상을 내려다본다

하늘에서 나누는 사랑
하트의 고리 이어 가며
앉을 듯 말 듯한 사랑놀이

하늘 향해 손짓하며
누군가와 산책하고 싶은 시간
뭉게구름 따라
두둥실 떠다니고 싶다

# 갈대

수염뿌리 강가에 내리고
백로와 속삭이던 지난날

강물이 업어 키운
갈색 꽃의 대나무

태풍에도 꺾이지 않는
발레리나의 몸짓

미련 없이 떠나가는 백로
하염없이 바라보다가

날개 밑에 떨어뜨린 약속
새봄을 기다린다

# 벌 나비

꽃을 쫓아 달려간다
흐르는 향기 따라

꿀 찾아가던 길
다시 돌아와 보니
화려했던 자리에
열매가 웃고 있다

무심(無心)의 날갯짓에
반짝이는 햇살

상생의 길
자리이타(自利利他)*의 수행


*자리이타: 스스로 이롭고 남도 이롭게 하다.

# 징검다리

시냇물 가로질러
반신욕 하는 디딤돌
찬 바람 맞으며
누구를 기다리나

작은 물방울이 모여들어
하염없이 흘러가고

모래무지 쏘가리
세 들어 살자며 자꾸 파고든다

허리 굽혀 앉은 모습
어머니 얼굴 떠오른다

## 조약돌

폭풍우 시냇물 따라
구르고 씻겨
모난 돌덩이
동글동글 조약돌 되었네

물이끼 유혹 물리치고
갈고닦는 그 모습
수행자 얼굴 닮았다

먼 훗날
금빛 모래로 변해
은어 떼와 같이 놀며
아이들 발 어루만져 주리라

〈해설〉
# 시대를 극복하고 절실한 존재 의미의 삶을 철학적인 사유로 표현하기

〈해설〉

## 시대를 극복하고 절실한 존재 의미의 삶을 철학적인 사유로 표현하기

### 이오장(시인. 평론가)

 현대는 망각의 시대요, 진보의 시대다. 앞서가려는 욕구가 과거를 잊게 하고 현재를 부추겨 달려가려는 욕망에 가득 차 있는 착각의 시대다. 있다는 것의 의미를 생각하지 않고 있는 것들에만 현혹되어 그것을 전부라고 착각한다. 이런 망각과 착각의 시대에 조용도 시인은 어떤 존재로 살아가려고 노력하는 것일까.
 존재를 잃어버린 시대에 존재 의미를 드러내는 일은 과연 가능한 일인가. 앞서간 시인들을 따라 존재 의미를 드러내는 행위는 사유와 예술적인 삶에 있다고 한다면 그 말은 시인에게 어떤 의미를 지니는가. 왜 생각하는 삶과 예술적인 삶을 말하는가. 시를 창조하는 삶이 인간을 인간답게 하는 길이라고 말한다면 예술적인 삶과 인간의 길은 무엇이 같고 다른 것일까. 시인은 이 무수한 의문 속에 인간적인 한계와 잘못을 저질렀다 해도 누구보다도 존재 망각의 시대를 아파하는 사람이다.
 조용도 시인은 이러한 시대를 극복하고 절실한 존재 의미, 있음의 의미를 생각하고 그것을 삶의 철학적인 사유로 표현한다. 가장 야만적인 시대, 인간이 가장 인간답지 못한 시대를 안타까워하고 그것을 타파하려는 의도를 가지며 그 시대의 인간에 대해 끝없이 묻는다. 이러한 시대에 무엇을 위한 시를 써야 하는가. 시대가 결여되어 있으며 궁핍한 시대이기에 많은 것을 가지고도 가난하게 살고 있는 인간에게 어떤 것이 부자인지를 끝없이 가리킨다. 그런데 이 시대는 왜 궁핍하고 날카로운 시대일까. 왜 이러한 시대에 시인은 질문하고 바로잡으려 하는가. 이것은 묻기만 한다고 답이 찾아오는 것이 아니기 때문이다. 행동, 즉 앞서가는 언어의 예술로 사회를 아름답게 하고 인간 본연의 마음가짐을 원래의 상태로 돌려놓으려는 의무를 져야만 한다는 것을 알기 때문이다.

시적인 존재로서의 조용도 시인은 누구일까. 언어 예술사 즉 시를 쓰는 사람이다. 철학의 질문을 넘어 답을 찾아내고 찾은 답을 끝없이 이끌어 가는 힘을 발휘하는 사람, 그런 시인이다. 자연과 체험의 삶에서 얻은 그 어떤 것도 피해 가지 않으며 새롭지만 새롭지 않은 언어를 구사하여 현시대의 잃어버린 정서를 세운다. 작품에 드러나는 시인의 본질은 개념이나 단어로 사물을 지칭하는 것이 아니고 사물을 이해하고 드러내는 사물의 또 다른 이미지이며 사물을 그것으로 존재하게 하는 철학적인 사유의 시 쓰기를 한다.

## 1. 체험하고 있는 여러 삶의 방향을 표현하다

조용도 시인의 존재를 지각하는 방법은 먼저 그것이 지각되도록 드러내는 선험이 우선된다. 존재하는 것들이 있다는 사실이 바로 존재인 것이라는 믿음에 자연에서 모든 것을 밝혀내며, 이미 체험하고 지금도 체험하고 있는 여러 삶의 방향을 표현한다. 감춰진 존재를 감춰진 곳에서 끌어내는 것이 조용도의 시 쓰기라고 할 수 있다. 그러므로 다양하게 해석되며 존재를 있게 하는 생성이나 존재자를 열어 밝히는 일에 열중한다. 사물이나 언어에 감춰진, 원래 존재하고 있었으나 감춰진 것을 찾아내는 행위가 시 쓰기의 시작이며 목표인 것이다. 또한 인간의 최대 목표인 철학적인 사유를 풀기보다는 삶에서 얻는 철학적인 방향을 제시한다.

반짝이는 파도
어디쯤 꽃을 피우나
짙은 바다 향기

푸른 파도는
하얀 너울을 쓰고
뭉게구름 되어 피어오른다

고즈넉한 암자
외로워 보이는데

길에서
바다의 길 물어보며
간절한 마음 덜어 놓고 간다
　　－「길에서 길을 묻고」전문 －

그치면 파도가 아니다. 멈추면 삶이 아니다. 끝없이 움직이고 요동치며 무엇인가를 향해 달리는 인생, 파도는 바다를 달리면 되지만, 사람은 삶의 바다가 하나가 아니다. 욕망으로 점철되어 있어 방황의 길을 가게 되고 어느 쪽을 택하여도 만족이 없다. 자신이 만들 길을 고집하다가도 어느새 다른 길을 택하거나 그것도 버리고 자기 길을 만들지만, 대부분 앞선 길을 따라간다. 이것이 보통의 삶이며 주어진 삶을 유지하는 현명함이다. 그러나 모험이 앞선다. 성공을 장담하지 못해도 그 길의 끝에는 영광이 있을 것이란 믿음으로 달린다. 성공한 예는 극히 드물지만, 그런 부류의 사람이 존재하여 인간은 발전하였고 지금도 살아간다. 조용도 시인은 평범한 길을 걷는다. 그것이 진리이며 하늘이 내린 도리라고 믿는다. 길에서 길을 묻는다는 것은 현자의 오도송이다. 여러 사람이 그런 부류의 작품도 많이 발표하였다. 시인의 시는 길에서 길을 묻는 게 아니라 물어보고 자신의 길을 찾아가기다. 잃었던 길, 아리송한 길에 서서 물었지만, 곧바로 자기의 길을 간다. 파란 파도의 넋은 모른다. 정처 없는 구름의 끝도 모른다. 하지만 암자의 고즈넉함에서 사람의 도리를 깨치고 길을 물으며 삶의 바다를 헤쳐 간다.

가야 할 때인가
멈춰야 할 때인가

구름 위에 걸터앉아
손짓하는 사과 향기

반짝이는 반딧불이와
함께한 서재

동틀 무렵
마음의 신호등 잠시 꺼 두고

거울에 비친 그 마음
달래고 있다
                - 「신호등」 전문 -

바람이
오는 길

구름이
가는 곳

세월은 저만큼
꼬리를 감추며 사라져 가고

그리움도 한때
미움도 한순간

삶은 꿈꾸듯
화살에 매달려 날아간다

너와 나

화초를 가꾸듯

시간을 기르며
빛이 되는 길
　-「구름이 가는 곳」전문 -

　신호등은 약속이다. 빨강은 정지, 노랑은 일시 정지, 녹색은 진행 등 살아가면서 만들어진 사회에서 서로가 지켜야 하고 지키지 못한다면 사고가 나는 신호등, 사람이 사는 사회에는 약속이 많다. 제일 큰 약속이 규범이고 그것이 변하여 법이 되고, 그보다 더 앞서 도덕 윤리의식이 강행되어 사회의 단합을 이끌고 활로를 찾는다. 이것은 사회적인 신호이지만, 시인의 신호등은 여기에서 개인적인 방황과 자연에 합일하지 못하는 역설적인 아이러니를 밝힌다. 가야 할 때인가 멈춰야 할 때인가는 순간의 망설임이지만, 그 순간이 운명을 갈라놓기도 하여 아주 중요한 결단의 시간이다.
　인고의 시간을 지나 적막한 서재에 앉아 밖에서 손짓하는 사과 향과 반딧불이의 유혹, 무엇을 먼저 택할지의 망설임이 흔들리는 마음을 더욱 요동치게 한다. 이럴 때는 신호등을 밝혀 녹색 빛을 따라가면 되지만, 거울에 비친 갈등은 잠시의 흐름도 허락하지 않는다. 신호등의 이미지로 갈등과 방황의 벽을 부수려는 의도로 시를 썼으며 그것은 구름이 가는 곳에서 해답을 찾을 수 있다. 바람은 구름을 몰고 오고 세월은 모르게 사라져 가고 그리움도 한때 미움도 한순간 삶은 꿈인가 현실인가를 구별하지 못하는 시간의 변주, 여기에서 가는 길을 밝혀 줄 빛을 찾기는 어렵다. 하지만 마음에 가꾸는 화초를 보살피듯 지나온 삶을 천착하며 분명히 삶의 거울에서 떠가는 구름의 흔적을 찾는다.

물결 따라 춤추는
물에 비친 달

욕심이 일어나면
사물이 생기고

화(禍)
탐욕
성냄

어리석음에서
오는 것

호수에 비친 달에
씻기는 삶
  -「호수에 비친 달」전문 -

달은 지구에서 떨어져 나간 암석 덩어리지만 지구의 지킴이 안내자다. 달의 인력으로 바닷물이 들락거리는 현상에서 사람은 경이로움을 느끼지만, 환상의 세계로 빠져들게 하여 우주를 비행한다. 더구나 밤이 오면 태양을 대신

하여 어둠을 밝히고 생명의 뿌리를 키운다. 달이 생성된 후 단 한 걸음도 멀어지지 않았다는 것은 지구와 달이 하나라는 것이 증명된다. 달은 생명을 주지만 아픔도 주는 이중적인 잣대를 가졌다. 그리움의 대상을 놓치지 않기 위함이다. 정읍사의 달, 천관녀의 달, 신라의 달, 아사달의 달 등 수많은 전설의 달이 인간에게 주는 의미는 희로애락 전부다. 이태백은 달을 사랑하다 물속에 빠진 달을 건지려고 들어가서 여태 나오지 않았다. 조용도 시인의 달은 호수의 달, 삶의 달이다. 작은 물결에도 일그러지고 잔물결에도 지워지는 호수의 달이 주는 교훈은 크다. 철학적인 사유에서 빠트릴 수 없는 달의 이미지를 호수에 띄운 시인은 화, 탐욕, 성냄, 어리석음의 오욕칠정의 인간사를 말끔하게 씻어 내기를 원한다. 누구나 보고 떠올리는 달이지만 시인의 눈에 든 달은 삶의 달이 되어 우리를 가르치고 욕망에 점철된 삶의 허망을 펼치게 하여 사람의 어리석음을 씻는다.

## 2. 자신을 나로서 받아들이는 자아 인식의 삶 펼치기

시인의 자아는 언제나 사회에 영향을 끼친다. 자아는 대인 관계에서 성장하고 주변의 사회적 여건에 의하여 발전한다. 그러므로 개성이 없이 한결같은 성향을 보이기보다는 자신을 경험하고 창조해야 한다. 시인이 자신을 자아 속에 받아들인다는 것은 무엇을 뜻하는가. 그것은 애당초 심리적인 존재로서 출발했다는 확신이 기초가 된다. 논리

적으로 증명이 되지 않지만, 자기의 존재를 알게 되기까지 하나의 요소가 따르고, 조용도 시인은 자신에 대해 질문을 던지는 전제로 보면, 자기 자신을 나로서 받아들인다는 것은 바로 자아를 의식하고 있다는 증거다. 사회에서 자신의 위치가 어디에 있다는 것을 알고 있으며 무엇을 행하여야 반듯한 삶을 살아갈 수 있는가를 뚜렷이 인식하고 있다.

나를 나답게 만들어 주는 사람
그런 리더로 성장하는 것

지혜와 신뢰의 인생길
인도하는 멘토

어떤 고난도 희망으로 바꾸고
내비게이션 달고 가는 여정

위대한 멘토를 만나는 건
삶의 행운이다

나는 누구의 멘토로
어느 손 잡아 줄 수 있을까

성장하기 위해 내공 쌓는 아침
햇살이 밝다
　　　-「멘토가 있는 삶」 전문 -

내가 누구의 멘토가 될 수 있는가, 누가 나의 멘토가 될 수 있는가. 이 문제는 삶의 중요한 요소다. 과학자나 수학자 더 나아가 문학의 길을 걷는 사람에게, 앞에서 누가 이끌어 주며 나가는 방향을 잡아 주고, 무엇인지 해답을 들을 수 있다면 최고의 행운아다. 대부분은 전부가 그런 대상을 원하지만, 목적을 이루는 사람은 드물다. 최고 학부인 대학에서조차 교수와 제자 사이에는 물질과 지배 의식의 고리가 얽혀 진정한 안내자가 맺어지지 않는다. 오직 자신의 믿음으로 자신의 방향을 잡아 나가야 한다. 조용도 시인은 나를 나답게 만들어 주는 사람, 어떤 고행도 함께하며 길을 안내하는 안내자를 원하지만, 그런 사람을 만난다는 건 행운이라며 간절하게 바란다. 누가 손잡아 줄 수 있을까. 군 시절 공수부대의 용사일 때는 무조건적인 명령 체제 아래 멘토의 역할을 명령이라 하였으나 삶의 최전선에서는 그것이 아닌 오직 인생의 낙오자가 되지 않기 위한 수단으로 끝없이 노력해야 한다. 그런 멘토는 없다는 것이 시인의 믿음이다. 누가 내게 멘토가 되어 주기를 바라는 것이 아니고, 내가 누구의 멘토가 되는가에 삶의 정답이 있다는 것을 인식하였다. 그러기 위한 노력으로 명상에 들고 독서하며 체험의 결과를 정리하는 군자의 자세를 보이는 것이다.

삶의 아름다움은
내면에서 나오고
원하는 만큼의 여백으로
또 다른 생각을 채운다

나이 든다는 것은
사람을 읽고
상황에 따라
세상을 이해할 수 있다는 것

사는 건 처음
늙는 것도 생소하여
시리도록 외로울 때와
아리도록 그리울 때도 있다

사랑을 베풀고
남을 배려할 때
예술의 삶이 되는 아름다운 노년

꽃보다 고운 단풍
해돋이 못지않은 저녁노을
아쉬운 발자국 뒤에 새기며
온몸으로 걸어가는 노을길
- 「아름다운 노년」 전문 -

  우리는 저녁노을에 반하여 그런 색깔을 내며 아름답기를 간절히 원한다. 노을은 자연의 아름다움에서 최고의 가치를 지닌다. 아침노을은 찬란한 힘과 용기를 주며 밝아지고 저녁노을은 하루를 다한 마지막의 정렬로 불타올라 경이로움을 보여 준다. 사람은 자연이다. 나무 한 그루 풀 한 포기와 마찬가지로 자신의 위치에서 자기 일을 하다가 삶을 마친다. 그런 수많은 사람 중에 노을빛을 내며 마지막을 장식하는 사람은 몇이나 될까. 4대 성인 외에는 아무도 없다. 인간애를 발휘하며 후인들이 그들의 발자취를 더듬어 따라가려는 의도가 있어야 하는데 대부분의 영웅호걸은 당대의 권력에만 집착하여 진정한 인간 정신을 만들어 내지 못했다.

  조용도 시인은 자신의 노을빛이 어떨까 하는 의문에 잠긴다. 어떻게 살아야 밝고 순수하며 후인들이 따라올 길을 만들까 하는 생각은 누구나 하지만, 이루는 사람이 많지 않다. 그러나 시인은 삶의 아름다움은 내면에서 나오고 원하는 만큼의 여백으로 앞선다. 나이가 들어서가 아니라 천성으로 타고난 인성이다. 늙는다는 건 누구나 한 번이고 반드시 찾아온다. 그 늙음을 아름답게 펼친다는 건 그만큼 정직하고 보람되게 살았다는 것이며, 마지막의 황혼 빛을 지구에 영원히 장식할 수 있다. 그것을 바라는 시인은 사랑을 베풀고 배려하며 예술적인 삶을 위해 노력함에 한 치의 실수도 자신에게 용납하지 않는다. 꽃보다 고운 노을 속을 혼자 걷는 게 아니라 만인을 위한 발자국을 남기려고 한다.

  너를 위한 작품
  뭉게구름 쫓다 흘려보내고
  꽃구름 품는다

  떠오르지 않는 영감 얻으려
  백지에 세운 안테나

흘려보낸 구름이 붙든다

파동 주파수로 몸체 만들어
수리에 맞는 옷 입히고
목화토금수 액세서리 달아
새 작품 탄생시킨다

세련된 무지개 인생을 넣어
찍은 낙관에 따라 든 구름
행운의 여정 그려진다
　　　- 「낙관을 찍으며」 전문 -

　자신의 위치를 확고하게 이룬 사람, 특히 예술가들은 뚜렷한 표식을 남기려고 한다. 자신의 아호나 이름을 새긴 도장을 만들어 이것이 자신이 만든 예술품이라는 것을 확인한다. 사후에도 그것은 분명하게 남아 평가를 받지만, 위대하다고 평가를 받는 사람은 몇이 안 된다. 오히려 욕을 먹기도 한다. 그러나 무엇인가를 남기려고 노력한다. 조용도 시인은 예술품에 찍는 낙관을 원하지 않는다. 오직 삶의 영광 위에 찍는 낙관을 그린다. 사람이 태어나 바르게 살다가 가는 사람은 매우 적다. 무엇이 바른 삶인가는 함부로 평가할 수 없으나 남에게 손해를 끼치지 않고 남을 도와주며 자신의 위치를 확실하게 잡아 사람다운 길을 가는 사람을 우리는 성인이라 부르고 추앙한다. 하지만 그런 사람은 적다. 시인은 그런 삶을 배척하고 오직 사람답게 살기를 바란다. 당당하게 낙관 찍을 자격을 갖추려는 목적이 뚜렷하다. 그런 의식이 시를 쓰게 하였으며 남이 알아주지 않아도 사람이 가야 할 길, 사람이 만들어야 할 사상, 인격을 세워 바른 사회를 만들기 위한 시를 쓴다. 세련된 무지개 인생을 만들어 어느 구석이든 자신의 낙관을 세우려는 것은 그만큼 당당하다는 뜻이고 천상천하 유아독존의 길을 가겠다는 의도다.

### 3. 삶을 올바르게 이룩한 힘이 타인을 위한 삶의 철학이 된다

역사 이래 삶의 질문에 대답한 것은 철학이 아니라 시였다는 것은 누구나 아는 사실이다. 삶을 괴롭히는 질문에 해답을 제시하는 역할은 진리를 탐구한 시인들이었다. 이성은 세상과 인간, 그리고 신에 대한 앎인데 이해할 수 있는 것이 무엇인지, 유익하고 적합한 것이 무엇인지를 명확하게 밝혀 주는 것은 질문의 철학이 아니라 그때의 상황에 맞게 방향을 제시한 시인이었다. 철학은 끊임없이 질문하고 그 질문을 통해 무지를 일깨우는 역할을 하였지만, 시는 그것의 질문에 그치지 않고 어떠한 해답을 끊임없이 찾은 것이다. 이것은 조용도 시인의 작품에서 확연하게 나타난다. 삶을 올바르게 이룩한 힘이 타인을 위한 삶의 철학이 되어 올바르게 산다는 의미가 무엇이고 어떻게 살아야 그런 삶을 살 수 있는가를 밝힌다.

수많은 어려움으로 얻은
수양의 덕은 보이지 않는다

빛과 향기를 드러내는 꽃
아름답게 피울 수 있도록
생명력을 불어넣는 물

낮은 곳으로 흐르며
쉬지 않고 생명을 낳고 키우는
물줄기의 덕을 봤는가

작은 선도 쌓이면 큰 덕이 되고
덕으로 쌓은 탑에는
베풂과 은혜가 있다

최고의 선은 물과 같아
흐름으로 쌓인 덕은
가장 향기로운 존재

당장 보이지 않는다고 멈추고
선을 베풀었다 하는가
덕은 보이지 않는 하늘이다
 - 「덕은 보이지 않는다」 전문 -

몸과 마음을 닦아 기르는 수양은 어느 하나에 묶인 것이 아니다. 세상에 사는 모든 사람의 길에 나타난다. 걸인도 품성을 갖춰야 하며 나무꾼이나 사냥꾼도 나름의 수양이 없다면 하루를 못 버틴다. 정치인과 학자들도 그들만의 수양이 있어야 덕을 이루며, 선을 추구하는 구도자들은 더

더욱 그렇다. 무슨 일이든 거기에 맞는 수양을 갖추지 못한다면 성공할 수가 없다. 수양의 최고 목표는 덕이다. 덕은 남에게 베푼다는 것을 말하는데 베풀기 위하여 자신을 닦는다는 것은 실로 어렵다. 조금만 베풀어도 자랑하고 조금만 알아도 아는 체를 하는 사람의 심리상 가만히 덮어 두지를 못하는 것이다. 조용도 시인은 이것을 짚어 낸다. 남을 돕기 위해 일정한 기준을 세우고 수양에 들어 도를 얻었다고 해도 그것을 드러내는 순간 무너진다는 것을 말한다. 빛과 향기를 드러내는 꽃을 아름답게 피워 내는 물의 덕, 작으나 크나 덕을 쌓아놓고도 남에게 알리지 않는 덕, 사람에게 사람의 길을 가르치고도 의연하게 걷는 덕 등 인자가 갖춰야 할 모든 덕은 흐르는 물처럼 조용해야 하며 남에게 알리지 말아야 한다는 시인의 뜻은 물의 덕이다. 당장 보이지 않는다고 물이 멈추고 선을 베풀었다고 자랑하면 덕이 커지는가. 덕은 보이지 않는 하늘이라는 철학을 가진 시인은 현시대의 군자다.

철새는 번식지와 월동지를 찾아
계절마다 이동하고

말은 태어난 곳으로
반드시 돌아간다

같은 말 반복하면
뜻한 대로 이루어지는 기도

밝은 음색 만들어
소리 색깔 변하면 바뀌는 운세

미소 지으며 밝은 표정으로
정성을 다해 말하면
소원 성취 밑바탕이 되어
높은 탑 쌓는다

상대의 말 경청하면
읽히는 마음의 소리

말한 대로 이루어지는 각인 효과
좋은 일만 가득하길 기도한다
- 「각인 효과」 전문 -

 심성이 고운 시인의 밝은 눈이 삶의 철학을 집대성한 작품이다. 삶은 수많은 난관에 부딪치는 요란한 여정이다. 살면서 어떤 사건이나 느낌이 머릿속에 깊이 새겨져 뚜렷하게 기억하지 못한다면 더더욱 어려워진다. 각인한다는 것은 기억한다는 것이고 기억한다는 것은 그만큼의 삶이 편리하다는 것이다. 그것은 수양으로 이뤄지는 것이 아닌 오직 신념의 자세가 만들어 낸다. 일정한 수양으로는 얻을 수 없고 삶의 바른 자세가 만들어 내는 것이다. 그런데 문제가 있다. 사람은 통상 좋은 기억은 잊고 나쁜 기억을 더 많이 각인하는 것이 문제다. 사고를 당한 후유증과 고난의 참상은 잊지 못하고 작은 기쁨이나 큰 기쁨을 막론하고 좋은 기억은 쉽게 잊는 것이다. 조용도 시인은 기쁨은 아픔을 밀어낸다는 것과 나쁜 일이 있을 때는 좋은 일을 꺼내어 견딘다면 문제가 확산하지 않는다는 철학을 가졌다. 철새는 삶의 이동을 반추한다는 것을, 내뱉은 말은 반드시 돌아온다는 것을, 간절하게 올리는 기도는 틀림없는 응답이 있다는 것을, 정성을 다한다면 반드시 이룰 수 있다는 것을 각인시키고, 그렇게 간절하게 각인된 기억은 올바르게 삶을 개척할 힘이라고 한다. 결국 삶은 바라는 대로 이뤄지며 말한 대로 가게 된다는 것을 밝혀 무엇을 하든 사라답게만 살 수 있다면 그것이 행복이라는 것의 신념을 준다.

샘물이 솟아
유유히 흐르는 실개천 따라

대자연은
싹이 나고 꽃이 피고
열매를 맺습니다

지구별에 몸을 싣고
어디론가 흘러가는 시간

계절이 무르익고
시기가 찾아오면
저절로 이루어지는 삶

행복은 마음에서 싹트고
화는 스스로가 만드는 것
만족함을 아는 것이
인생의 멋이 아닐는지

고요함에 머물며
기쁨으로 삶을 채워 봅니다
  - 「고요함에 머물다」 전문 -

삶은 자연이다. 물 흐르듯 한다는 말은 삶의 순환에 저절로 따라가면 그게 정의이고 순리이며 올바른 삶이라는 말이다. 억지로 되는 세상은 없다. 권력자들의 말로를 보면 알 수 있다. 역사적인 인물 중에 올바르게 산 권력자들이 몇이나 있었던가. 현재도 마찬가지로 권력을 얻기 위해 온갖 술수를 다하지만, 그 끝은 비참하기 짝이 없다. 공허하다는 것은 지구가 돌아가는 소리만 들리고 마음에 흐르는 사유의 소리를 듣는다는 것이다. 고요는 자신이 느끼는 것으로 극도의 고요는 철기 공장에서도 아무런 소리를 듣지 못하고 자기 뜻을 세운다. 결국 세상은 고요에서 이뤄지고 고요에서 도를 얻으며 고요에서 세상을 본다는 뜻으로 조용도 시인의 평소 신념이고 삶의 길이다. 한강 물도 검룡소 작은 샘에서 시작되어 바다로 흘러가며 큰 내를 이룬다. 사람의 일도 작은 것이 커져 세상에 퍼지면 그것이 이룸의 삶이다. 행복은 마음에서 싹트고 화는 스스로가 만들어 간다. 만족은 아는 것이 인생의 최고 목표인데 그것을 잊고 화를 부른다면 산다는 의미가 없는 것이다. 그것을 조용도 시인은 삶의 원천인 고요에서 찾았다. 고요는 삶의 근본이고 거기에서 인생의 모든 것이 만들어진다는 철학은 시인이 평소에 닦은 수양의 자세에서 얻은 가장 순순한 길에서 찾아낸 결과다.

## 4. 언어에서 삶의 방향을 찾고 언어의 순화를 통해 사회의 미학적 요소를 강하게 한다

조용도 시인의 시는 삶에 영향을 준다. 시의 언어에서 삶의 방향을 찾고 언어의 순화를 통해 사회의 미학적 요소를 강하게 만든다. 시의 역할이 사회를 변화시키려면 우선적인 것이 관대함이라는 철학으로 작품을 펼친다. 사람이 남들과 부딪치며 살기 위해서는 관대함이 우선이며 그 누구도 자신에게 관대해져야 한다. 넓게 보고 크게 헤아리며 소심함을 버리고 매사에 단호한 결단력을 발휘하려면 자신에게 관대함을 보여야 한다는 시 쓰기, 의지가 지성보다 우위에 있다는 주의설이 아니라 용기를 갖고 위험을 감수하는 의지, 폭넓은 시야와 과감한 행동 그리고 최악의 상태에서도 우유부단함을 버리는 솟구침의 결단은 시인의 관대함에서 온다. 그 결과가 시대를 극복하고 절실한 존재 의미의 삶을 철학적인 사유로 표현으로 나타나고 체험하고 있는 여러 삶의 방향을 표현한다. 삶을 올바르게 이룩한 힘이, 타인을 위한 삶의 철학이 되어 올바르게 사는 법을 세우는 것이다.

조용도 시집
# 고요함에 머물다

제1판 1쇄 인쇄 · 2025년 5월 15일
제1판 1쇄 발행 · 2025년 5월 20일

지은이 · 조용도
펴낸이 · 이석우
펴낸 곳 · 세종문화사
편집 주간 · 김영희

주소 · (03740)
　　　서울 서대문구 통일로 107-39, 223호
　　　E-mail: eds@kbnewsnet
전화 · (02)363-3345, 365-0743~5
팩스 · (02)363-9990

등록번호 · 제25100-1974-000001호
등록일 · 1974년 2월 1일

ISBN 978-89-7424-210-7　03810

값 13,000원